AF534647

Bibliografische Information der Deutschen Nationalbibliothek:
Die Deutsche Nationalbibliothek verzeichnet diese Publikation in der Deutschen Nationalbibliografie; detaillierte bibliografische Daten sind im Internet über dnb.dnb.de abrufbar.

Besuchen Sie: www.schüttler.at
Mail: tonemfauscher@web.de

ISBN: 9783758363559

Herstellung und Verlag:
BoD – Books on Demand, Norderstedt

Tone M. Fauscher

SCHÜTTELREIME OHNE ENDE

So ziehen Sie den richtigen Schüttelschluss:

Vergessen Sie bitte gleich jetzt die gedruckten Buchstaben; genießen Sie einfach den Klang des (im besten Falle) laut vorgelesenen Schüttelreims und tauschen Sie die Anlaute der letzten beiden betonten Silben in der ersten Verszeile, zum Beispiel so:

Marathon

Am Start, da steht ein Haufen Leute,
Und alle müssen… (laufen heute!)

Ab und an wollen auch Vokale ihren Platz tauschen!

Seien Sie einfallsreich beim Vortrag – manche Reime verlangen nach einem ausrufenden oder fragenden Ende, andere bevorzugen den Wiener Klang, weshalb insbesondere bei den Lauten zu b-p, d-t und g-k um großzügige Behandlung gebeten wird.

Wiener Linien/Corona

Die Maske zwar die Nas' mir schützt,
Für Abstand nur ein…

Jury auf der Wartburg

Nett wär', wenn ihr beim Sängerstreit
Mal ein wenig…

Fremder Schüttler

Von mir ist dieser leider nicht,
Steh' fortan im…

Önologenkongress

Ich muss gestehen, ich spuck' schlecht,
Bin ein echter…

Orion für Hausfrauen

Es sucht entlang des Pimmels Hilde –
Was fehlt? Das ganze…

Der Waldbesitzer

Ein Urteil unter Wichten fällt er:
Gerodet werden…

Ode an das Waffenrad

Du hast ’nen schönen Eisenrahmen!
Mit dir will ich ver…

1170 Wien

Der Eisfläche beim Engelmann
Sieht man leichte…

Langes Wochenende

Vom Schnaps sie eine Menge hatten -
Dann spannten sie die…

Hausbesitzer

Schön langsam wird mein Haus alt.
Wie lang' ich das noch…?

Marathon

Am Start, da steht ein Haufen Leute,
Und alle müssen…

Glück

Es freut mich so die Nicht', die lacht,
Da wird mir sogar…

Was ist der Unterschied

zwischen einem Cornetto
und einem Arbeitsblatt?

Das eine du mit Tücken leckst,
Das andere ist ein…

SM in Helsinki

Es freut sich so der miese Finne,
Wenn er betreibt die…

Die Nibelungen

Statt Met trinkt – peinlich! – Hagen Saft,
Die G'schicht ist wirklich…

Musikstunde

Das Lied dringt in die Poren ein,
Nur du verursachst…

Stadt-Land

Am Land riechst du der Bauern Mist,
In Wien du unter...

Fischstäbchen

In dieser Tierfrage
Haben wir…

Kinderbuch

Er schüttelt ab den Pimmel wild,
Der siebte Zwerg am…

Die Royals

Wahr' er Haltung, so hält er 'n aus,
Den Schockbericht vom…

Vorm kalten Kachelofen

Wenn er doch flott das Scheit zünde
Und nicht so viel…

Stretching

Schmerzen deine Sehnen dich?
Ich weiß, die lassen…

Aufbruch

Um vier schon packt er Wanderkarten.
Ich schlaf weiter! …?

Marlene Haushofer

Plötzlich steht die Riesenwand
Einfach so am…

Beschwerde an den Kammerjäger

Seit Sie die Vernichtung der Mäuse lehren,
Sich insgeheim die…

Was ist der Unterschied

zwischen Papagei und Puma?

Beim einen bist aufs Wort gespannt,
Beim andren kriegst du…

Wollen und nicht können

Um Ruhm die Sänger ringen seicht –
Nach Kurzem mir ihr…

Schule

Selten, dass ein Meister lehrt,
Wie man simpel…

Schladming im März

Zwei Steirer fern am Hange lallten:
Möge der Schnee noch…

Yoga

Erst gehört der Wille gestählt,
Dann ein Ort der…

Pseudokrise

Mein Lauf ist nur zum Schein gerissen,
Dem Schicksal hab' ich…

Der Bogenschütze

Sein Meister hat ganz weit gezielt
Und dabei keine…

Burgenland

Ich kraule sanft mir beide Hoden
Und trinke Wein vom…

Kindheit

Ein feines Brot mit Butter (mild),
Das prägte einst mein…

Almhütte

Sie sieben Betten weiter lagen,
Drüben, bei dem…

Echte Esoterikerin

Die Bibel hab' ich nicht gelesen,
Bin allein vom…

Blitzende Waffen

Kannst leugnen das Formale nicht,
Man immer ums…
Zwar ist ganz sicher Inhalt drinnen.
Du fragst mich wo? Na…

Fünf-Hauben-Koch

Der Braten, der vor sich hergart –
G'hört sicherlich dem…

Was ist der Unterschied

zwischen einem Ledersattel
und Ö3?

Das eine muss man weichreiten,
Das andere hat…

Sonnenbrand

Man hat gehört von weißen Hunden,
Die jaulen ob der…

Girliequartett Insta

Wenn sich vier schminken,
Sind das…

Schüttelkritik

Ein Reim, der krampfhaft mit der
Norm ficht,
Genügt sicherlich der…

Schopenhauer

Mein schönstes Lied ich sing' an dich!
Ohne Schein: Ein…

Ideale Weihnacht

Das Christkind zeigt (mit Locken) Fleiß,
Die Eiskristalle…

Schüttelmetrik

Willst den Vers ganz rund du schütteln,
Heraus musst allen…

Der hungrige Löwe

An deiner Keule nage, Leu -
Dann ist des Magens…

Familienfoto anno dazumal

Zuerst den Raum vom Licht abdichten,
Dann die Gruppe…

Der Hohepriester

Ob er wohl heimlich an Leichen zehrt,
Seit er des Jenseits…?

Verirrt

Ich klettre nicht die fiese Wand,
Weil ich nur bis zur…

DFB

Götze trägt die Dressen eng,
Den Müller ich zum…

Hochzeitsnacht der Zwerge

Wenn ich 'nen größ'ren Pimmel hätt',
Stieg ich zu ihr ins…

Was ist der Unterschied

zwischen Schäferhunden
und Thermengästen?

Die einen uns mit Bellen wecken,
Die andren spiel'n im…

Euros

200er sind Edelscheine,
Geht des in dein'…?

Zu Bett!

Bei Vollmond ist Licht-Nacht,
Der Schlaflose…

Holzfäller

Zu schneiden um die Ficht' ging er,
Schnitt sich ab zwei…

Feierabend

Die Gläser wer' ma leer machen
Und dabei immer…

Mein pyrophober Hund

Ich schrecke meinen Dackel feste,
Indem ich eine…

Gespräch unter Bienen

Was musst du immer wehklagen?
Du musst dich übern…

Mittagsrast

Sie, anstatt zu höhnen, schütten
Sich rein den Tee auf...

Einhorn – so einfach!

Der Zauberstab – montiert auf ein
Stirnband,
Dem Pferd (weiß) von der…

Chopin

Sanft leuchten doppelte Kerzen,
Und er spielt ge…

Bier

Warum schmeckt bloß das Märzen schal?
Woll'n ernste Brauer…?

Zappelphilipp

Wer beim PC stets wippen tut,
Hat sicher nie beim…

Der Kühlschrank

Genervt hat diese Fastenkur!
Voll Gier er in den…

Was ist der Unterschied

zwischen den Iden des März
und dem Ende eines Abos?

Beim einen verliert Cäsar die Leitung,
Beim anderen ein…

Rothschild im Spital

Grad hamma noch über Banken g'redt,
Schon lieg ich allein im…

Mitternachtseinlage

Die größte Ballschande
War unsre…

Bedachter Autokauf

Bevor sie gründlich den Fond maßen,
Checkten sie die…

Der schlimme Bub in der Schule

Wenn er die Klasse bis zum Rand aushutscht,
Mir sicher bald die…

Sumo Nr. 1

Er fing Ringer
Mit dem…

Oberflächlich

Ich hab' den Glanz zu meiden satt,
Lackier' nie wieder…

Wiener am Land

Als Sommerluft sie weise rochen,
Begaben s' sich auf…

Ursache-Wirkung-Vertauschung

Sie verbrannte sich an der Herdplatte,
Nachdem sie zuvor schon ge…

Klein Fritz in der Schule

Grüß dich, lieber Fritze, hi!
Ich glaub heut hamma…

Admonter Reichenstein

Ich kraxle hier auf Wände, he!
Am End' tun mir die…

Nachbarschaft

Man kann sagen, der Bund hält,
Auch wenn manchmal der…

Gruft Wien

In der zweiten Sammelgruppe
Aß man dankbar…

Was ist der Unterschied

zwischen einem Glashaus für
Zitrusfrüchte
und einer Serie auf ATV?

Das eine ist ein Sauerfruchtbau,
Das andre nennt man…

Das Taschenmesser

Flott wetzt und schleift die feine Kling' er,
Es blutet schon der…

Wünsche an den Herrn Pfarrer

Im Messbecher zwei Achtel weih' er,
Und mir statt Hostien…

Grätzl

Es gibt, dort wo ich wohne, Orte,
Da wohnen Leute…

Pessimismus

Ich hab' so einen Hass auf die Welt,
Und kenn auch keinen, der noch…

Plage

Sie sind selbst unter Felsen Gast,
Der Stein erschlägt die…

Goldschatz

Was steigt versenkt, bist gut im Raten?
Es glänzt versteckt und…

Aktien

Das Risiko als Henkersbeil?
Ist bloß die Welt des…

Rat an den Schüttelschüler

Sehr brav an Stil und Ziel feil' er.
Vielleicht gelingt ein…
Naja, das ist die Zeil' vieler;
Ins Schwarze dann wohl…

Rüge vom Bäckermeister

Wie gehst du denn mit Teigen um?
Rezepte sind mein…

Literatur

Gepriesen war einst Schillers Mund;
Jetzt liest man Arthur…

Sagenwelt

Der Wolf den Arsch des Recken biss.
Schwer verletzt: ein…

Altwiener Kabarett

Mit tut es in der Seele weh,
Wenn ich den Peter…

Was ist der Unterschied

zwischen einem bunten Federnrad
und Günther Nussbaum?

Das eine ist ein Busch am Pfau,
Der andre managt…

Nachzahlung

Meines Kontos Scheuerstelle
Ist Mal der letzten…

Gottes Worte

Zuerst lass ich die Dichter ran,
Später schöpf' ich…

Oper

In dieser gar nicht leisen Gruft
Verströmt klammheimlich…

Der begnadete Redner

Er punktet mit Blitzsätzen
Bis zu den hintersten…

Psychoanalyse

Ob ich noch ganz richtig im Hirn bin?
Nein, wahrscheinlich ist die…

Lehrer im Burnout

Jetzt g'hör ich bald zur weißen Schar,
Der Schultag heut' zum…

Urtümlich

Was machte Hermann Maier stark?
Urlaub in der…

Musiktheorie

Auf die höheren Späß' zielt,
Wer statt h ein…

Lästige Fragerei beim Wandern

Werden wir bis über die Wipfel gehen?
Wird kalter Wind am…?

Rotes Kreuz

Dass ich nicht lach', von wegen „Retter"!
Bleibt zuhaus' bei…

Frustriert

Ich spür' einen Groll, einen heftigen, krass!
Und noch dazu einen…

Der Skinhead

Buh, Schänder!
Weiße…

Was ist der Unterschied

zwischen einem Chiropraktiker
und dem Christkind?

Der eine schiebt Gelenke,
Das andere…

Hundezüchterverein

Man sieht hier jede Hunderasse,
Wie sehr ich diese…

Doping

Was macht meine Beine fitter?
Dunkle Schoko -…

Luxushotel im Regenwald

Es ist um jeden Baum schad' –
Was brauch ich hier ein…?

Relegation

Ich bei zwanzig Bieren leide,
Und glaub, diesmal ver…

Zusammenhalt

Es zeigt sich schon im Suppengrün –
Das Einzelne hat…

Sommer

Die Sonne bleicht selbst Witze helle.
Wann endet diese…?

Biblische Krise

Ins Tischtuch hat der Kain gerotzt,
Und Abel hat dann…

Worte des Kammerjägers

Die Motte ist zu fischen nie,
Verdammt sei dieses…

Pause

Im Walde sucht der Lackel Moos
Und dieses bettet…

Der Mutter zum 75er

Altes Haus!
…

Der Bruder als Nachbar

Reich du nun an Grunde bist,
Dein Bruder dich im…

Wettermann im ORF

Man muss das Chaos um diesen Schuft
lichten.
Was redet er von…?

Was ist der Unterschied

zwischen einem Bauern
und einem guten Gastgeber?

Der eine güllt feste ab,
Der andere …

Halte mich nicht auf!

Was geh'n mich Hypnos und Morpheus an?
Noch tiefer geht's – bin…

Abstieg

Heute sind die Helden matt,
Und keiner was zu…

Onlineshopping

Die Algorithmen werben still.
Man deshalb einfach…

Sprache der Gewalt

Das Böse entstammt den Kehlen der Sünder.
Einst waren sie rein, wie die…

Das große Fressen

Schon mittags man viel Wein verschwendet,
Fürs Nachtmahl sei ein…

Liegenbleiben

Aufstehen aus einer Frustlage
Ist oft eine…

Parlamentarier

Sie scherzten in der Säulenhalle,
Dann kam die Wahl – jetzt…

Mord

Ein Seil man um die Füße des Recken
band,
Dann stieß man ihn vom…

Zahnweh

Als führ' mich eine Zackenbahn
Durch Schmerz und Leid im…

Tod im Gesäuse

Hinabstürzend der Brocken lacht:
Mein Ziel ist deine…

Zu viel…

Drückt dich deine Leibspeise,
Hab' ich 'ne Bitte:…

Porzellanballett

Hau ich zu die Kellertür,
Tanzen alle…

Was ist der Unterschied

zwischen einem Dalmatiner
und dem berühmten Tante-Jolesch-
Gericht?

Der eine lebt mit flinken Scheckerln,
Das andere sind die…

Kommunismus

Ganze Gedankenwelten sollen,
Was Einzelne nur…

Der Dieb

Sein Elixier ist Tand haschen;
Der Fokus liegt auf…

Mimirs Haupt

Ob jetzt die Hilfe Odins tauge?
Sie muss, ich blick dem…

Polizist und Zuhälter

Die Grenze nach dem Lot richt' -
Hier das Blau- und dort das…

Suizidale Gedanken

Hab ich ein schönes Haus auch,
Mein Leben ich jetzt…

D-Nachhilfe

Sie essen zu sechst Torten
Und lernen…

Vor der Hochzeit

Er prüft sie auf Herz und Nier'n,
Sie prüft ihn auf…

Managerschule

Eigen und fremd Leiden mehrt,
Wer Ruhezeit zu…

Ferien

Dem Stress kehr ich den Rücken zu.
Nur eins kann mich ent…

Vorhersehung

Im Film muss nach dem Plot es gehn –
Das Leben spielt nach…

Nervendes Kleinkind

Du kriegst den nächsten Happen bald,
Doch bitte jetzt die…

Walle, walle!

Bei dieser Challenge wanken Besen:
Sauberkeit im…

Was ist der Unterschied

zwischen einem Billeteur
und einem international bekannten
Önologen?

Der eine ist ein Reinweisender,
Der andere ein…

Advent

Ein Sturz in die Punschwanne,
Das wär' meine…

Der verhinderte Bankräuber

All seinen Mut musste der Held abgeben,
Und geht ganz einfach…

Ich unter Katzen

Man siezt mich
Und…

Der Realist in der Krise

Auf die „Komm, hilf, mach!"- Welt scheißt er.
Es bleibt daheim der…

Vor dem Berglauf

Mein Bein, das ist voll tauber Sehnen,
Ich glaub' das muss ich…

Ramadan

Ich (als Prophet) am Barte zitter',
Gebt mir Schoko,…

Im Handyshop

Mir wird gesagt, es fehle Ton.
Du brauchst ein neues…

Die Katze

Wennst gierig ganze Spatzen schluckst,
Federn dann beim…

Er

Er ist nicht nur amenlos.
Auch ur…

Ohne Navi

Dass sie trotz der Staus herfand –
Es lag an ihrem…

Syndikat

Die Rachekiller mehren Orden,
Sie leben grad von…

Der Nebenwohnsitz

Ich kann mich deiner nicht erwehren,
Ort!
Drauf geb' ich dir mein…

Was ist der Unterschied

zwischen einem Kompass
und dem Gummi auf einem
Einmachglas?

Das eine ist ein Richtungs-Ding,
Das andere nennt man…

Die Deutschprüfung

Wer ließ Hiob in größte Not rennen?
Ich würde Joseph…

Ausgebrannt

Frau Kollegin, leisten S' mehr!
Meine Batterien sind…

Christenheit

Verachtet sei der Welten Gier,
Nur durchs Geben…

Nachbarin Erna

Sie ist ein Hundehalter und
Selber schon ein…

Heidelbeerschnaps selbst angesetzt

Jetzt sind Himbeeren in der Bottle drin,
Weil ich so ein…

Sommer

Wiesen, Frischluft, Sonne, Wind
Dem Wandrer eine…

Meditation

Nichts soll meine Hülle stören –
Ich möchte nichts als…

Der Wendehals

Schon wieder plagt mich Nackenpein,
Das ist doch nicht zu…

Wahlkampf

Versprechen sind vor Wahlen Zier.
Und nach der Wahl, da…

Schwierige Gehaltsverhandlung

Ich frag den Boss voller Hohn (und gelallt):
Wie schauts aus mit…?

Nachbarschaft

Schläft hinter dieser Mauer Dieter?
Er ist schon alt, ein…

Ned aufmucken!

Der kleinste der Vasallen gafft,
Da regt sich bei mir…

Was ist der Unterschied

zwischen einem Tanzstudio
und dem Lottospiel?

Im einen ist das Steppen teuer,
Das andere ist 'ne…

Arbeitsauftrag Musik

Nun kennst du die Intervalle –
Lerne sie im…

1100 Wien

Willst du fette Gauner seh'n,
Musst in Amaliens…

Die gechillte Rosine

Ich muss nix
Im…

Der heilige Florian

Mit ihm ist nicht zu scherzen, kein
Feuer und kein…

Mäuse als willkommene Gäste

Seid nicht so lasch, Nager!
Fresst auf mein…

Chinesische Pianisten

Der Kenner übern Mist lacht,
Wenn Möchtegern auf…

Schneider in Pension

Oh, wie mir vor der Leere schauert.
Ob wo noch eine…

Gegen Hundediebstahl

Verschlossen wird die Moppeltasche
Mit einer sich'ren…

George Clooney

Wie find'st du meine weißen Haare?
Ich gehör zur…

Tristan und Isolde

Was ist da für ein Mittel drinnen?
Ich kann sie nur zwei…

Frühaufsteher

So mancher macht am Morgen Sachen,
Da musst dir wirklich…

Trüffelhunde haben ausgedient!

Wovon Superschnüffelbüffel träumen,
Ist schwarz und hängt an…

Was ist der Unterschied

zwischen Glenn Gould
und italienischen Models?

Der eine wollt' die Fugen dreschen,
Die andren (edel!)…

Beim Heimkommen

Was schaust du denn so stier, Bube?
Warst du in der…?

Wortmacht

Patronen aus der Tintenflasche
Sind Inhalt meiner…
Und soll die Point' zum Schluss schießen,
Muss ein Wort wie ein…

Bitte werde gesund!

Kräftig husten beim Schlatzen!
Spuck aus den…

Brahman

Niemals sich der Zeitlose zweigt –
Sich stets als der…

Esoterik

Bei Steiner kann der Wicht lesen:
Einst war er ein…

Alkoholische Araber

Man hörte schon die Mauren sagen:
Vom Wein hab' ich an…

Schicksal

Wer nach Fortpflanzung giert frenetisch,
Den bestraft das Karma: Er…

Santa Claus und die Mafia

Dem Weihnachtsmann brach man die
Schultergelenke.
Seither, hört man,…

Der Bäcker

Nachts gesteht er dem Weib leise:
Im Dienst stehl' ich Brot – …

Hatzerl Pragerstraße

Das Tempofeuer schür' er fein,
Der Einsatz ist sein…

Wödmasta

Im Schweigen war der Happel Kaiser –
Meist war er unterm…

Wanderers Wegzehrung

Sonntags unter Buchen kackt,
Wer samstags schlechte…

Was ist der Unterschied

zwischen einem Friseur
und einem Prädikat?

Der eine nie 'ne Glatz' sieht,
Das andre ist ein…

Im Tierheim

Es sterben Hunde
Zur…

Klassengemeinschaft

Den Klassenstreber dissen s' – wurscht!
Was ist schuld? Sein…

Beim Arzt

Man kann es am Gewebe lesen,
Fett gehört zum…

Proseccotreff

Den neuen Tratsch sie flink tröten -
Es klirren tausend…

Ewige Ruhe

Wie soll ich verbringen die Nacht? Wie?
Der erfolgreiche Schläfer…

In der Thermenregion

Sei nicht so fad, bös, lau!
Komm zu uns nach…

Der weiße Hai

Den Gast so mancher Wässer biss er,
So ist der Meere…

Freimaurer

Mozart war uns wunderbar -
Klar, bei welchem…

Der Optimist

Bei mir wird 's nimmer schlimmer, echt!
Weil eigentlich ist 's…

Gottschalk

Wer typisch blonde Locken trägt,
Sie dann beim Föhnen…

Todsünde

Betrachte deinen Geiz als Rowdy,
Verhindert er doch…

Tierische Götter

An der Weide fiesen Rand
Drängte man in…
Als man in Kühen Riesen fand,
Die ich heut lieb am…

Was ist der Unterschied

zwischen einem feinen
Holzspan im Daumen und einer
Zustellungsbestätigung?

Das eine ist ein Schieferlein,
Das andere nennt man…

Neujahrsempfang

Eva liebt den Kaviar sehr, den leckt sie.
Danach trinkt auch gleich leer den…

Im Ferienhaus

Nicht die Maus essen!
…

Nahversorgung

Was wird sie zum Weinkauf sagen?
Zwölf edle Stück im…

Wanderung im Finstern

Nachts sah ich in Hecken Gestalten.
Da hätt' ich am liebsten 'nen…

Unterschiede

In Wien hört man der Tauben Haucher,
Am Waldsee gluckst der…

Kenner

Die Temperatur des Weines müssen's
Beheben – …

Frankfurt

Den Wasserfluss am Main stau' er
Mit einer kleinen…

Werbung

Die gute Creme, sie fand die Alten.
Ihr Wirkstoff trifft es gut:…

Der Friedensarchitekt

Das bunte Haus verwundert Hasser.
Wer hats gebaut? Der…

Der perfekte Salat

Am Dressing lässt sich lässig üben,
Ihr werdet Öl und…

Vor dem Winterschlaf

Als Beilage zur Igelspeis
Das beste Stück des…

Styx

Willst du ein Kind aus den Fluten des
Bades heben,
Wird nicht gleich der…

Was ist der Unterschied

zwischen einem Kellner mit Parkinson
und Tone M. Fauscher?

Der eine ein Glas mit Rütteln einschenkt,
Der andere die Reime mit…

Zuviel

Muss für einen Becherkuchen
Gleich zweiundzwanzig…?

122

Rettet schnell Gemäuer, Felder!
Was hätt's gebraucht? Den…

Paradoxie Sonnencreme

Nur eine dünne Schicht nützt,
Während eine dicke…

Bergluft

Seit ich an krankem Magen leide,
Ich lieber höh're…

Bärenjunge im Zoo

Von Milch aus einer Bottle zehren –
Das muss, wer reift zum…

Im Saustall

Geringelt ist der Schwanz, der deine!
Sagt Fock zur Sau beim…

Hart und eitel

Es färbte sich die Mähne dark
Ein Altrocker in…

Schüttelsog

Das Versmaß ist nicht schwer zu hören.
Es liegt dir nah da…
Dass gern du Worten (vertauten) lauschst
Und dann den Platz von…

Postmodern

Ein Bariton beim Singen schlief –
Im Kunstprojekt von…

Hasenspuren im Osterschnee

Weil sie die von vorn bis hint' lasen,
Konnten sie sagen: Das war'n keine…

Der Volksrocknrolla

Er meint, nach einem Sager schläng' er
Kritik in sich, der…

Beifang

Wenn Fischer zielgenauere Netze
erfänden,
Würden nicht so viele Delfine…

Was ist der Unterschied

zwischen pubertierenden Taliban
und der ZAMG?

Die einen, ja, die wollen Bärte,
Die andere misst die…

Herbstprobleme

Ich find' den Wind, den heftigen, krass
Und krieg' schön langsam 'nen…

Seafood

Nach dem Genuss von Muscheln küssen?
Man wird wohl eher…

Der Autohändler

Man hörte ihn beim Wein klagen:
Niemand kauft mehr…

Liebe im Bundesdienst

Ich habe dir ein Herz gemalt,
Und freu mich auf mein…

Unsterblich intelligent

Dazu ist Zeus verderblich stumm:
Menschen sind nur…

Uber

Wer Datenklau und Fuhr' eint,
Der gilt als Taxlers…

Schattenspender

Man sollte das Laub von Espen verwenden,
Damit in der Sonn' nicht so viele…

Rolling Stones

Junge Frauen – Täter Mick!
Hat Dreck am Stecken,…

Kein Bier mehr!

Die Brauunion waltet zum Schein,
Weshalb ich empfehle:…

Goethe

Nach Höchstem ringt er, ficht, er dürst',
Es steht allein der…

Ab auf den Grill

Er kann Karpfen ohne Zisch fangen,
Bereitet ihm die…

Felix und sein Bambi

Er fuhr in seinem Wagen selten,
Erdachte lieber…
Ließ groß und offen Segen walten
Man grüßt auf allen…

Was ist der Unterschied

zwischen einer Putzfrau
und einem Psychologen?

Die eine sieht beim Hinlugen Dreck,
Der andere nimmt beim…

Psychotricks

Es erlebt 'nen tollen Rausch,
Wer sich ergibt dem…

Die Winzerkönigin

Man sieht nicht nur ihr Bein (wow!) -
Seither lieb' ich den…

Poetische Frage des Kellners

Weint oder biert er hier?
Bringen S' mir ein…

Urlaub im Winter

Weil man an diesem Ort spart,
Gibt's hier nur eine…
Doch springt das Eis ganz leis' auf,
Beim abendlichen…